Unendlich kreativ

*Wie Sie mit einfachen Kreativitäts-
techniken und Übungen Ihre Kreativität steigern und jegliche Kreativitätsblockaden durchbrechen - inkl. der
besten Praxistipps*

Mariam Plauwitz

INHALT

Das erwartet Sie in diesem Buch

Saßen Sie schon mal vor einem leeren Blatt, nachdem Sie sich vorgenommen haben, endlich mal wieder etwas zu zeichnen, und Sie haben einfach keine Ahnung, was Sie malen sollen? Ihr Kopf ist plötzlich leer, obwohl Sie eben noch über die vielen Dinge nachgedacht haben, die Sie auf keinen Fall vergessen dürfen, und sich gewundert haben, warum Ihr Nachbar schon wieder so früh am Staubsaugen ist. Sie haben sich bestimmt gefragt, wieso andere Menschen in Ihrem Umfeld so viele originelle Ideen und immer eine Lösung für alles parat haben. Diese Menschen lassen sich von Problemen nicht unterkriegen und es scheint, als würden sie die Welt anders wahrnehmen; positiver und fantasievoller. Ihre Kreativität erleichtert ihnen den Alltag, den Beruf und viele Situationen, in denen ein guter und nützlicher Einfall benötigt wird. Man könnte sagen, dass sie einen Vorteil gegenüber anderen Menschen haben und beneidenswert sind. Würden Sie gern wissen, was diese Menschen anders machen und wie Sie es schaffen können, ebenfalls so kreativ zu werden?

In diesem Buch werden Sie lernen, was Kreativität ist und auf welche Art und Weise man dieser im alltäglichen Leben begegnet. Ich werde Ihnen erklären, wie ein kreativer Prozess aussieht, dessen Phasen benennen und die Charaktereigenschaften eines kreativen Menschen vorstellen. Vor allem aber soll dieses Buch zeigen, wie wichtig Kreativität ist und warum es sich lohnt, Ihre Kreativität zu fördern. Wie können Sie davon profitieren? Was müssen Sie beachten, wenn Sie eine kreative Tätigkeit ausüben möchten? Und was könnte möglicherweise Ihr kreatives Denken und Handeln behindern? Zu diesen Fragen werde ich Ihnen Antworten geben. Anschließend erhalten Sie zehn

Tipps, die Ihnen dabei helfen können, zu mehr Ideenreichtum zu kommen und das leere Blatt ohne ewiges
Nachdenken zu füllen. Um diese Tipps anzuwenden,
werde ich Ihnen als Abschluss sechs Übungen geben,
die Ihre Kreativität auf die Probe stellen und dazu auch
noch Spaß machen.

Was ist

Kreativität?

Woran denken Sie zuerst, wenn man Ihnen das Stichwort Kreativität nennt? Die meisten Menschen würden jetzt wahrscheinlich sagen, dass sie damit Kunst in Verbindung bringen und das ist natürlich auch nicht falsch, denn Kunst ist in der Tat ein Beispiel sichtbarer Kreativität. Doch nicht nur in der bildenden oder darstellenden Kunst lässt sich Kreativität finden, sondern in so gut wie allen Bereichen des Lebens.

Nun, was genau ist Kreativität eigentlich? Kreativ zu sein, führt zu schöpferischem Handeln und bedeutet, etwas Neues zu schaffen oder ein Problem innovativ bzw. unkonventionell zu lösen. Es ist bekanntlich nicht leicht, etwas komplett Neues zu erfinden, da es mittlerweile schon so viele Ideen und Entwicklungen gibt, weshalb sich der Aspekt der Neuheit nur auf die Person bezieht, um dessen Idee es sich handelt. Damit ist gemeint, dass eine Idee grundsätzlich nur als kreativ angesehen werden kann, wenn sie dem Schöpfer vorher unbekannt war. Es ist also wichtig, die Originalität individuell zu bewerten, damit man differenzieren kann, ob es sich um Kreativität handelt oder nicht. Außerdem sollten die Lösungen oder Ideen eine gewisse Nützlichkeit besitzen, wertvoll und passend sein. Gesprochen wird davon schon, wenn zum Beispiel ein Gemälde zu einer Diskussion führt oder Menschen zum Nachdenken anregt. Kreativität äußert sich auch, wenn mehrere Gegebenheiten oder Gedankengänge miteinander verknüpft werden und daraus eine neue Idee entsteht.

Bei Kreativität handelt es sich also um eine Fähigkeit, die jeder Mensch in sich trägt und die viele verschiedene Facetten hat, welche in zwei Arten unterteilt werden. Es gibt die Art von Kreativität, die die meisten

Menschen auch direkt als solche erkennen würden. Dabei handelt es sich um die sogenannte **"Big-C"** (Big-Creativity), die man bekannten Künstlern wie Leonardo Da Vinci oder auch Sängern wie Michael Jackson zuordnen kann. Wichtig dabei ist, dass das Schaffen dieser Menschen etwas in anderen Menschen, wie zum Beispiel Betrachtern der Gemälde oder Zuhörern der Lieder, auslöst und vor allem aus viel Talent und Leidenschaft entsteht. Wie das englische Wort "big" schon verrät, ist die Rede von einer Art Kreativität, die eine große Reichweite und Wirkung mit sich trägt. Nicht jedermann ist in der Lage, dies zu erreichen. Doch das sollte auch gar nicht Ihr Ziel sein, denn die Kreativität, die Ihnen im Alltag weiterhelfen kann, nennt sich **"Little-C"** (Little-Creativity). Hierbei dreht es sich um innovatives Denken und Handeln, welches für Sie als Individuum etwas bewirken kann. Die Rede ist von dem lösungsorientierten Verhalten, wenn Sie zum Beispiel mithilfe eines Rezepts aus dem Internet etwas kochen wollten und die Seite plötzlich nicht mehr lädt. Einige Informationen beim vorherigen Durchlesen sind sicherlich hängen geblieben, doch welche Gewürze sollten noch mal in das

Essen? Nun müssen Sie improvisieren und kreativ werden. Ziemlich sicher werden Sie nicht genau die ursprünglich vorgeschriebene Gewürzmischung herstellen, doch es wird am Ende gut schmecken und zum Gericht passen. Genau in solchen Situationen beweisen Sie, dass in Ihnen Kreativität steckt und Sie in der Lage sind, Notlösungen zu finden und aus eigenem Nachdenken eine für Sie originelle Gewürzmischung zu erstellen. „Little-C" ist also eine Art der natürlichen Kreativität, welche sich schulen lässt und sehr nützlich im Alltag sein kann. Das betrifft nicht nur Bereiche wie Kochen und Malen, sondern auch unzählige Berufe und die Politik oder Wirtschaft, welche ständige Verbesserungsprozesse suchen und benötigen.

Wie sieht ein kreativer Prozess aus?

E in kreativer Prozess beschreibt, was genau während der Ideenfindung passiert, und wird in verschiedene Phasen eingeteilt. Teile dieses Prozesses sind die kreative Person, welche zusammen mit dem kreativen Potenzial entscheidend dafür ist, wie erfolgreich der Prozess sein wird. Hierbei spielen die Persönlichkeit, der Intellekt und die

Verhaltensweisen eine große Rolle. Sie bestimmen schon im Vorhinein, ob der kreative Prozess gefördert oder gehemmt wird. Logischerweise ist es zum Beispiel hilfreich, eine gewisse Veranlagung oder ein Talent zu haben, in Übung zu sein oder bereits Erfahrungen gemacht zu haben in dem Bereich, in dem sich der Prozess und das Problem abspielen. Zusätzlich dazu gibt es das kreative Umfeld, was die Rahmenbedingungen des schöpferischen Handelns darstellt und stimmig sein muss. Das Ergebnis eines solchen Prozesses wird das kreative Produkt genannt, sprich die Erfindung oder die Idee. Die Dauer des Prozesses variiert demnach je nach Startpunkt, Person, Potenzial und Ziel. Oft kommt es auch vor, dass das Gehirn auf natürliche Art und Weise einen solchen Prozess durchgeht, es sich aber anfühlt, als käme der Geistesblitz aus dem Nichts und das innerhalb von Sekunden.

Eine Art des kreativen Prozesses ist der **problemlösende Prozess**, bestehend aus vier unterschiedlichen Phasen. Zuerst muss ein Problem oder Mangel erkannt und anschließend analysiert werden. Hierbei wird sich gefragt, wo das Problem liegt und was die Ausgangslage ist. Sobald dies klar ist, kann man zur zweiten Phase übergehen. Diese Phase beschäftigt sich mit dem Vorbereiten und Sammeln von Informationen und dem Formulieren eines Zieles oder einer Lösung basierend auf den Erkenntnissen der ersten Phase. Nun muss festgelegt werden, was für die Umsetzung benötigt wird und das Material zusammengesucht werden.

In der dritten Phase geht es um das schöpferische Denken, sprich das Ausleben der Kreativität. Wichtig dabei ist, dass man dies tut, ohne zu bewerten oder bestimmte Ansätze schon zu präferieren. Jede Idee ist valide und sollte im Prozess berücksichtigt werden. Ohne gesetzte Grenzen zu denken, dabei eine Offenheit und Lebhaftigkeit zu bewahren und keine Bewertungen abzugeben, nennt man divergentes Denken.

Der kreativen Person müssen demnach genügend Freiräume geboten werde, damit die Phase erfolgreich stattfinden kann. Es können auch sogenannte Kreativitätstechniken herangezogen werden, die das Sammeln von Ideen erleichtern. Diese werde ich Ihnen später vorstellen und erläutern.

Nach gelungenem divergentem Denken und das dadurch weitreichende Sammeln von verschiedenen Ideen und Lösungsansätzen wird nun in der letzten Phase selektiert. Es wird nach

Nützlichkeit und Machbarkeit sortiert und eine Lösung ausgewählt, welche anschließend erweitert, verbessert oder angepasst werden kann, sollte diese noch Lücken aufweisen. Damit ist der problemlösende Prozess abgeschlossen und die Umsetzung kann beginnen. Wie bereits erwähnt, kann die Länge solch eines Prozesses je nach Problem, kreativem Potenzial und Umfeld stark variieren, sodass man nicht eindeutig festlegen kann, wie viel Zeit die einzelnen Phasen in Anspruch nehmen.

Natürlich bezieht sich nicht jeder kreative Prozess auf ein Problem und dessen Lösung, sondern kann auch dafür genutzt werden, eine Vorstellung Wirklichkeit werden zu lassen. Es handelt sich um das sogenannte **Fünf-Phasen-Modell**, welches eine Idee oder in diesem Beispiel den Willen, ein Buch zu verfassen, als Startpunkt hat. In der Phase der Vorbereitung wird sich mit diesem Willen auseinandergesetzt und ein Thema festgelegt. Sagen wir, das Thema in diesem Fall ist eine Geschichte über eine Person und deren alleinerziehende Mutter.

Wie der Name der Inkubationsshase vorwegnimmt, wurde man nun mit der Idee bzw. dem Thema „infiziert" und mit der Zeit zeigen sich nach und nach mehr „Symptome". Diese wären im übertragenden

Sinn zum Beispiel das unterbewusste Entwickeln von Charakteren und das Sammeln von Eindrücken, die die Idee vervollständigen.

Zum näheren Verständnis: Sie sitzen in einem öffentlichen Verkehrsmittel und sehen eine Person, welche Sie unbeabsichtigt direkt mit der Version der Mutter Ihrer Geschichte in Verbindung bringen, und ohne es zu merken, haben Sie das Aussehen eines Charakters festgelegt. Es folgt die Phase der Illumination, die sich durch eine plötzliche Erleuchtung auszeichnet und daher sehr kurz und grundsätzlich nicht beeinflussbar ist. Hierbei könnte zum Beispiel eine plötzliche und markante Idee in Bezug auf den Inhalt Ihrer Geschichte entstehen.

In der nächsten Phase, der Realisierung, geht es um sogenanntes konvergentes Denken. Es ist das Gegenstück des divergenten Denkens und lässt sich dadurch erkennen, dass den Gedanken aufgrund der Illuminationsphase eine Grenze gesetzt wird. Der Rahmen des Buches ist also schon geschaffen und nun muss die Geschichte verfasst und genau durchdacht werden, ohne dabei die Grundidee zu verändern oder zu überdenken. In dieser Phase dreht sich alles um die Umsetzung, was sie zur längsten Phase dieses Modells macht und auch an Schreibblockaden, fehlender Geduld oder aufkommender Frustration liegen kann. Sollte man diese Phase geschafft haben, steht der erste Entwurf des Buches und somit ist die Bedingung der fünften Phase erfüllt.

Diese Phase nennt sich Verifikationsphase und sie ist der letzte Schritt zum vollständigen Buch. Hierfür wird das kreative Produkt, was die kreative Person im Prozess entwickelt hat, erst mal vom Schöpfer auf Fehler, Mangel oder Ähnliches geprüft und kann dann an außenstehende Personen weitergegeben werden, um eine Resonanz zu erhalten. Dies hilft dabei, das beste Ergebnis zu erzielen, da unbeteiligte Menschen meistens Fehler entdecken, die man selbst andauernd übersehen hat. Ehrliche Meinungen und konstruktive Kritik sind in dieser Phase essenziell und die kreative Person sollte gegenüber dem eine gewisse Offenheit mitbringen, um nicht den Glauben an sich und das Produkt zu verlieren. Eine eventuelle Überarbeitung anschließend an die fünfte Phase führt zum fertigen Buch und beendet den kreativen Prozess ausgehend von einer simplen Idee.

Eine mögliche Zwischenphase in jedem kreativen Prozess ist die **Pause**. Sie gibt dem Kopf Raum, welcher die ganze Zeit auf Hochtouren läuft, und ermöglicht es dem Schöpfer, sich vom kreativen Prozess zu distanzieren. Dies kann dazu führen, dass man auf natürliche Art und Weise zu einer weiteren Idee kommt bzw. inspiriert wird, und ist besonders vor der Phase der Realisierung von Vorteil.

So kann sich der Geistesblitz festigen und den Gedanken wird genug Freiraum gegeben, sich ohne jegliche Art von Zwang weiterzubilden. Die Menge der gemachten Pausen und ob man überhaupt welche machen sollte, hängt stark von der kreativen Person ab. Sie müssen für sich selbst wissen oder ausprobieren, ob eine Pause Ihnen einen Vor- oder Nachteil verschaffen würde. Haben Sie Schwierigkeiten, nach der Unterbrechung Motivation zu finden und problemlos weiterzumachen?

Dann wäre es wahrscheinlich besser, die Pausen tagsüber so kurz wie möglich zu halten und dabei darauf achten, alle Grundbedürfnisse zu stillen, um Ihrem Körper genug Energie zu geben, damit er weiterarbeiten kann. Falls es Ihnen nicht schwerfällt, zurück in den kreativen Prozess, in Ihren Flow, zu finden, dann könnten Pausen Sie weiterbringen und sind zu empfehlen.

Ist Kreativität überhaupt wichtig?

Ja, ist sie. Man könnte sogar sagen, dass sie mittlerweile die wichtigste Kompetenz für unsere Zukunft darstellt. Ohne Kreativität stehen wir vor jeglichen Problemen und wären nicht in der Lage, diese zu lösen. Alte Probleme, die uns schon seit vielen Jahren plagen, benötigen innovative Lösungen und deshalb sind viele kreative Köpfe gefragt. Wir haben den Klimawandel, Länder, die einander bekriegen, Menschen, die in ihrer Heimat nicht mehr sicher sind und in anderen Ländern nach Zuflucht suchen, und dazu kam Ende 2019 auch noch die Corona-Pandemie, welche uns sehr viel abverlangt. Doch wenn man darüber nachdenkt, dann merkt man, dass uns diese Not erfinderisch gemacht hat. Nur mithilfe der Kreativität wurde die Krise bislang so gut wie möglich überwältigt, denn ohne sie hätten wir nicht innerhalb von kürzester Zeit diese vielen neuen Konzepte entwickelt, die es ermöglichen, das Leben während der Pandemie weiterhin genießen zu können.

Ja, es gab und gibt viele Einschränkungen, doch es hätte noch viel härter werden können, wenn man nicht zum Beispiel Apps oder Hygienekonzepte entwickelt hätte, die einem die Chance geben, trotz all dem mit seiner Familie essen zu gehen. Es wurden Lösungen gefunden für fast alle bestehenden Probleme, die wir so noch nie kennenlernen mussten. Aus den alltäglichsten Dingen, wie zum Beispiel einkaufen zu gehen, entstanden Herausforderungen. Doch vor allem das Zusammenspiel von Digitalisierung und Kreativität führte zu neuen Geschäftsmodellen und Möglichkeiten. Man erkennt, eine Krise zwingt uns, mit der Ungewohntheit der Situation mitzugehen, diese einzuholen und ihr einen Schritt voraus zu sein, damit sie nicht uns kontrolliert, sondern wir sie. Diese Kontrolle erschafft eine kleine Lücke, die wir als Chance sehen müssen, divergent zu denken und unseren Ideen und Sinnen freien Lauf zu lassen, sodass neue Lösungen ihren Weg zu uns finden und wir diese und alle zukünftigen Krisen meistern können.

Auch im Alltag allgemein ist Kreativität von Vorteil, denn immer mehr Arbeitgeber sehen die Relevanz der Kreativität und fordern sie demnach als Kompetenz für ihre Arbeitsstellen. Dies zieht sich durch alle möglichen beruflichen Bereiche, vom Betreuen von Kindern bis hin zu den wichtigsten Politikern. Jeder benötigt ein gewisses Maß an Kreativität, um erfolgreich zu sein und seinen Beruf gutzumachen. Abgesehen davon, wirkt sich das Ausleben von Hobbys, die mit Kreativität zu tun haben, positiv auf uns aus. Es entspannt, schafft gedanklichen Freiraum und ermöglicht es, sich selbst, seine Gefühle und Gedanken zu reflektieren und zu verarbeiten. Außerdem erleichtert Kreativität jedem einzelnen Individuum das Leben aufgrund von lösungsorientiertem und innovativem Handeln. Sie führt zu einer Art Resilienz, da eine kreative Person sich dessen bewusst ist, dass immer eine Lösung gefunden werden kann und Probleme sie demnach nicht so stark belasten.

Heutzutage gibt es viel Bedarf an kreativen Köpfen, die mit ihren innovativen Ideen die Menschheit voranbringen und die Zukunft dieser garantieren. Wir wissen, die Erde wird immer schwächer, Ressourcen werden knapp, der Meeresspiegel steigt und um dem langfristig gesehen entgegenzuwirken, brauchen wir Menschen, die kreativ und sinnvoll handeln und sich an die Bedürfnisse der Welt anpassen. Entscheidend dabei ist, dass mehrere kreative Menschen, die den Mut haben, anders zu denken und dabei auch in die falsche Richtung zu gehen, Fehler einzugestehen und danach wieder aufzustehen und weiterzumachen, eine bessere Perspektive schaffen können. Dies liegt daran, dass sie sich gegenseitig mit ihren Visionen und Ideen inspirieren, ihr schöpferisches Denkvermögen voneinander profitiert, sie sich weiterbringen und gemeinsam den passenden Schlüssel zum Schloss finden können.

Gerade jetzt, im 21. Jahrhundert, ist dieses Zusammenspiel besonders wichtig, damit Menschen lernen, offen aufeinander zuzugehen und Toleranz zu zeigen, denn dies führt zu den besten

Ergebnissen und einer Zukunft mit vielen neuen Aspekten und Arten zu leben. Das ganze Leben ist nämlich eine Art kreativer Prozess, der weitergeführt werden muss. Die Kreativität der Menschen ist der Grund unserer Gegenwart und wird der Grund unserer Zukunft sein, denn sie hat uns schon immer begleitet, uns dabei geholfen, Lösungswege zu formulieren, Visionen Wirklichkeit werden zu lassen, und es ermöglicht, jegliche Erfindung zu schaffen, die für uns heutzutage so selbstverständlich scheint.

Vor allem deshalb ist es schade, dass das Bildungssystem die Schulung der Kreativität als nicht wichtig genug ansieht, um ausgiebig darüber zu sprechen und den Schülern Wege zu zeigen, kreativer zu werden bzw. ihre Kreativität, welche mit dem Alter immer schwächer wird, zu fördern.

Was macht kreative Menschen aus?

George Land startete 1968 eine Langzeitstudie, um die Kreativität von 1.600 Kindern, welche zwischen drei und fünf Jahre alt waren, im Laufe ihres Heranwachsens zu testen. 98 % der Drei- bis Fünfjährigen zeigten kreatives bzw. unangepasstes Denken, was sich innerhalb von fünf Jahren um 66 % reduzierte. Im Alter von acht bis zehn waren es tatsächlich nur noch um die 32 % und nach weiteren fünf Jahren, sprich im Alter von 13 bis 15, nur noch 10 %. Man erkannte, dass Kinder lernen, nicht-kreativ zu denken und sich der Norm anzupassen. Dies lässt sich auf Regeln, Erziehung und den gesellschaftlichen Druck, nicht aus der Reihe zu tanzen, zurückführen. Auch unser Umfeld und das Bildungssystem spielen eine große Rolle und können dafür sorgen, dass uns die Kreativität abtrainiert wird. Was Lands Studie allerdings auch bewiesen hat, ist, dass fast jeder Mensch grundsätzlich bereits die Fähigkeit besitzt, kreativ zu sein. Der deutliche Großteil der Kinder zeigte anfangs kreatives Verhalten, was nur durch die äußerlichen Einflüsse nach und nach verdrängt wurde. Doch zum Glück ist es möglich, auch im Erwachsenenalter noch dagegen zu wirken und seine kreative Ader zurückzuholen.

Nun, was unterscheidet kreative Menschen von denen, die sich dem Schubladendenken der Gesellschaft nicht widersetzen konnten bzw. wollten?

Der Kreativitätspsychologe Mihály Csíkszentmihályi fand heraus, dass es ihre Komplexität ist, die es ihnen ermöglicht, kreativ zu sein und dies ohne Hindernisse auszuleben. Komplexität in Bezug auf gegensätzliche Charaktereigenschaften, wie zum Beispiel die ausgeprägte Fantasie in Kombination mit der Nähe zur Realität. Dass sie fantasievoll sein müssen, kann man auch daraus folgern, dass Kinder bekanntlich die fantasievollsten Wesen sind und wie bereits erläutert, am ehesten kreativ denken. Sie haben eine enorme Vorstellungskraft, können in einem simplen Spielplatz ein ganzes Piratenschiff sehen oder aus einem kleinen Stock ein Flugzeug machen. Ihnen werden gedanklich keine Grenzen gesetzt und sie geben ihrer Fantasie so viel Raum wie kein anderer, wodurch die kreativsten Ideen entstehen.

Allerdings müssen kreative Produkte, wie zu Beginn des Ratgebers erwähnt, eine gewisse Nützlichkeit besitzen, wobei die Nähe zur Realität essenziell ist. Aus dem Grund können Kinder nur mithilfe ihrer Fantasie auch keine weitreichenden Probleme lösen.

Menschen, die kreativ handeln und denken wollen, müssen eine hohe Problemsensitivität besitzen und in der Lage sein, Situationen auf eine andere, neue Art zu analysieren. Viele Probleme, die jahrelang übersehen oder als unwichtig deklariert wurden, werden nämlich erst durch diese Fähigkeit als solche formuliert und ihr Ausmaß also spät erkannt. Offensichtlich ist das Lösen von besagten Problemen ebenfalls eine der wichtigsten Kompetenzen, die kreative Menschen besitzen. Hierbei sind Perspektivwechsel, Flexibilität und die Fähigkeit, zu kombinieren, von Vorteil. Sie führen zu einem weitreichenderen Ideenreichtum und vor allem aber auch durch die Kombination von mehreren Gedankengängen, zu innovativen Vorschlägen, die Kreativität ausmachen.

Toleranz gegenüber Fehlern oder misslungenen Lösungsansätzen und das anschließende optimistische Denken, dass eben ein anderer Weg vielleicht der richtige ist, sind extrem wichtig, denn aus Fehlern kann man neue Informationen bzw. Schlüsse ziehen, diese nutzen, um weiterzuarbeiten und Neues auszuprobieren. Dass man dabei spontan und offen genug sein muss, plötzlich einen anderen Weg einzuschlagen und sich auf die neuen Gegebenheiten anzupassen, ist eine Voraussetzung dafür, sich nicht unterkriegen zu lassen. Es bedarf deshalb an Mut zum Risiko, Scheitern und vor allem zum Unkonventionellen, wenn man kreativ sein möchte. Eine gewisse Portion Selbstbewusstsein und der Wille, sich von der Masse und ihren Denkmustern loszulösen, fehlt den Kreativen also nicht.

Vor allem während den Realisierungsphasen ist auch die Leidenschaft zum Projekt und allgemeinem

kreativem Denken essenziell, denn es kann vorkommen, dass man zum Beispiel Nachtschichten
einbauen und mit zeitlichem Druck umgehen
muss, wenn man einen Auftraggeber hat. Selbst-
disziplin und die Fähigkeit, sich selbst zu motivie-
ren, sind zwei wichtige Aspekte beim schöpferischen Handeln und dabei ist eine kreative Person
in der Lage, die Balance zwischen Ruhe und Energie zu finden. Um dies zu können, bedarf es an
Übung und dem Kennen seiner eigenen Grenzen.

Abgesehen davon besitzen Kreative die Kompetenz, mehrere Bereiche ihrer Wahrnehmung
miteinander zu kombinieren, Assoziationen zu
schaffen und ihre Sinne so gut wie möglich zu gebrauchen. Menschen, die diese Fähigkeit besonders ausgeprägt haben, nennt man auch Synästhetiker.

Ein bekanntes Beispiel in der bildenden Kunst
wäre der Künstler Kandinsky, welcher durch seine
Synästhesie unzählige, beeindruckende Werke er-
schuf. Dafür verknüpfte er die Farbe, das Gefühl
und den Klang, da für seine Wahrnehmung jedes
Element in das andere überging und sich darin
wiederfinden ließ. Durch diese Fähigkeit konnte
Kandinsky Bilder malen, die es so zuvor noch nie

gab. Seine Kreativität war durch seine Synästhesie grenzenlos. Natürlich ist dies eine Art Veranlagung ein Talent, was nicht jeder Mensch in den Schoß gelegt bekommen hat, doch viele der Fähigkeiten, die eine kreative Person ausmachen, kann man trainieren. Und einige davon haben Sie mit Sicherheit bereits als Kind gehabt und durch Übungen zusätzlich zu dem Willen, zurück zu Ihrer Kreativität zu finden, können Sie dies auch schaffen.

Kreativitäts-
blockaden

Kennen Sie das Gefühl, wenn irgendetwas zwischen Ihnen und Ihrer Kreativität steht? Es fühlt sich an, als würde jemand eine Mauer um Sie bauen, sodass Sie keinen Zugriff mehr auf Ihr schöpferisches Denken haben. Solche Kreativitätsblockaden erschweren und hindern kreative Menschen daran, Ideen zu sammeln oder Geistesblitze zu bekommen. Doch was genau steckt dahinter und woran können Sie erkennen, dass es sich um eine solche Kreativitätsblockade handelt?

Perfektionismus gilt als eine der häufigsten Blockaden, wenn es darum geht, seine Kreativität auszuleben. Es hindert das divergente Denken, da man zu sehr darauf fokussiert ist, diese eine perfekte Idee zu finden. Doch perfekt ist in den meisten Fällen nun mal nicht innovativ oder originell. Der Wille und der hohe Anspruch an sich selbst und seine Kreativität, Perfektion zu erreichen, hemmen die Freiheit und Flexibilität, die die Gedanken benötigen, um sich zu formen, zu finden und zu verbinden. Innerhalb dieser Blockade befindet sich eine weitere, und zwar die **Anspannung**.

Aufgrund des Perfektionismus kommt es zu einer großen Angst vor Fehlern und es fällt einem schwer, im Laufe des kreativen Prozesses dazukommende Herausforderungen gut aufzunehmen, da sie den Willen nach Perfektion stören und den Weg dorthin erschweren. Somit ist die Reaktion nur weitere Anspannung und die Ideen werden stetig weniger, da der Kopf zu sehr damit beschäftigt ist, einen neuen perfekten Weg zu suchen.

Zusätzlich kann äußerlicher **Druck**, sei es zeitlich oder vom Umfeld geschaffener, die Kreativität ebenfalls behindern. Dies liegt daran, dass eine gute und neuartige Idee sich so viel Zeit nehmen muss, wie sie benötigt, um ihr größtmögliches Potenzial zu entwickeln. Sollte man seine Zeit nicht gut genug eingeteilt haben oder aus jeglichem anderen Grund während eines kreativen Prozesses Zeitdruck bekommen, so verfällt man in eine Haltung, die Wesentliches oft schlicht weg übersieht und verhindert, dass ein klarer Kopf bewahrt werden kann. Häufig führt dies zu einer pessimistischen Einstellung, welche eine weitere Kreativitätsblockade darstellt, denn **Pessimismus** verursacht eine negative Herangehensweise, welche offensichtlich keine guten Ergebnisse erzielen kann.

Dies wird Ihnen den Spaß am kreativen Denken und schöpferischen Handeln verderben. Probleme werden von nun an nicht mehr als Chance, die Kreativität zu gebrauchen, angesehen, sondern als etwas Negatives. Etwas, was Ihnen im Weg steht, was Sie belastet. Genau das ist das Entscheidende daran, denn Probleme dürfen nicht als Hindernis angesehen werden, sondern man muss ihnen mit einer optimistischen Einstellung begegnen, sonst wird das Lösen dieser Probleme sehr schwierig und anstrengend werden.

Die **Routine** bewahren zu wollen und im Gewohnheitsdenken zu verharren, sind weitere Kreativitätsblockaden, da es grundsätzlich genau das

Gegenteil von kreativem Handeln darstellt. Ein kreativer Prozess, der sich durch eine bestimmte Routine auszeichnet, wird kein kreatives Produkt liefern und sollte vermieden werden.

Dies liegt daran, dass man Denkfehler macht und diese nicht als solche wahrnimmt, da es zur Gewohnheit geworden ist, so zu denken. Sie werden wiederholt und sich wahrscheinlich sogar nur gegenseitig verstärken, sodass kein vorzeigbares Ergebnis entsteht. Weg von der Routine zu kommen und etwas anderes zu schaffen, ist besonders schwer, wenn man zum Beispiel zu viel Wert auf die Meinung seiner Mitmenschen legt. Es wird mit Sicherheit vorkommen, dass anderen Ihre kreativen Produkte nicht gefallen oder zusagen werden. Dies kann verunsichern, entmutigen und Ihre Kreativität stören. Vor allem, wenn Ihr Umfeld keine konstruktive Kritik gibt, sondern ausschließlich darauf absieht, Sie und Ihr schöpferisches Denken und das daraus entstandene Produkt schlechtzumachen.

Kreativitäts-
techniken

Neben den genannten Kreativitätsblockaden gibt es zum Glück auch noch Kreativitätstechniken, die kreative Prozesse fördern und dabei helfen können, Ideen zu entwickeln, die qualitativ hochwertiger sind. Abgesehen davon kann sie jeder anwenden und als Unterstützung der kreativen Denkweise nutzen. Oft besteht auch die Möglichkeit, die Techniken mit einer oder mehreren Personen gemeinsam zu machen, sodass der Ideenreichtum noch größer wird und man sich gegenseitig behilflich sein kann.

Grundsätzlich werden die Techniken in drei verschiedene Gruppen gegliedert. Es gibt intuitive, diskursive und die Kombination dieser beiden Arten, wobei die intuitiven Techniken auf Assoziationen beruhen und viele Ideen in sehr kurzer Zeit zustande kommen. Im Gegensatz dazu fokussieren sich die diskursiven Techniken auf das Analysieren und folgen einem stärkeren System zur Ideenfindung.

Ein Beispiel für eine intuitive Kreativitätstechnik ist die **6-3-5-Technik**, bei der die 6 für sechs Teilnehmer, die 3 für drei Ideen und die 5 für fünf Wiederholungen stehen. Jeder Teilnehmer bekommt ein Blatt, auf welches er drei Ideen zum jeweiligen Thema oder Problem notiert. Anschließend werden die Blätter herumgegeben und die Ideen der anderen erweitert oder miteinander verknüpft. Sobald jeder Teilnehmer jedes der sechs Blätter einmal in der Hand hatte, wird über die vollständigen Notizen gesprochen. Ziel ist es, dass aus vielen spontanen Vorschlägen gut durchdachte Konzepte werden, was daraus folgt, dass mehrere Menschen mit unterschiedlichen Fähigkeiten, Werten und kreativen Ideen zusammenarbeiten und ihr Wissen miteinander teilen.

Die **ABC-Technik** ist eine weitere intuitive Technik, deren Grundprinzip das Finden von Assoziationen zu jedem Buchstaben im Alphabet ist. Hierfür wird ausgehend von einem Problem oder Thema ein Blatt ausgefüllt, dass die Buchstaben A bis Z beinhaltet. Sollten Sie Probleme dabei haben, Buchstaben wie Q, X oder Y mit einer Assoziation zu füllen, dann können Sie dies auch weglassen.

Den Gedanken wird sehr viel Raum gegeben und das strikte System der einzelnen Wörter passend zu den Buchstaben erleichtert es, sich auf das Wesentliche zu konzentrieren und dabei trotzdem weiterzudenken, als man es sonst getan hätte. Diese Technik ist also sehr hilfreich, wenn es Ihnen schwerfällt, den Anfang eines kreativen Prozesses zu meistern, und führt Sie mit einer Art Anleitung durch die Vorbereitungs- und Ideenfindungsphase. Anschließend wird es Ihnen leichter fallen, die gesammelten Ideen, Assoziationen oder Unterpunkte des ursprünglichen Themas miteinander zu vergleichen, sie zu sortieren, zu kombinieren und daraus einen Lösungsansatz zu formulieren.

Ähnlich ist dies auch beim sogenannten **Brainstorming**, wobei intensiv über ein Thema nachgedacht wird und dabei alle zu Ihnen kommenden Ideen aufgeschrieben werden. Nichts

wird verworfen, bewertet oder als weniger gut angesehen. Divergentes Denken ist gefragt und viel Zeit zum
Nachdenken wird benötigt. Es geht darum, wirklich alles zu finden und aus den Fingern zu saugen, was Ihr
Kopf zu dem Thema denkt. Erst, wenn Sie das Gefühl
haben, Ihr Kopf sei jetzt leer, dann können Sie zur
nächsten Phase übergehen und das Gesammelte anfan-
gen, zu beurteilen, zu verbessern oder zu verwerfen.

Manchen Menschen gelingt das Brainstorming
zum Beispiel auch besser, wenn sie dabei in Bewegung
sind. Sie gehen dafür mit einem Notizbuch in der Hand
spazieren oder nehmen der Bequemlichkeit lieber eine
Sprachaufnahme auf, sodass sie sich nachher leichter
in Ruhe alles aufschreiben und vielleicht direkt schon
ordnen können. Diese Art der Kreativitätstechnik
funktioniert auch hervorragend mit einem Partner zusammen, da der Austausch von Ideen inspirierend wirken kann.

Eine weitere Art der Brainstorming-Technik ist
die sogenannte **Kopfstand-Methode**. Sie beruht darauf, dass es vielen Menschen leichter fällt, Kritik zu
äußern und negativ zu denken, statt eine optimistische
und hilfreiche Einstellung zu bewahren. Der Kopfstand
findet gedanklich statt und bezieht sich auf die Frage-
stellung bzw. den Ausgangspunkt. Für diese Technik

muss man also das Problem umformulieren, und zwar so, dass die Absichten und die neue Situation genau das Gegenteil des ursprünglichen Problems werden. Sollte der Schritt des Umkehrens der Formulierung beendet sein, so werden nun Notizen, Ideen und mögliche Vorgehensweisen für das neue Problem festgehalten und gesammelt.

Hierbei ist Brainstorming sehr effizient, denn je mehr gegenteilige Vorschläge gefunden werden und je mehr über das neue Problem nachgedacht wird, desto eher wird die eigentliche Lösung eingegrenzt und es wird im Endeffekt leichter sein, die optimale Idee für das ursprüngliche Problem zu finden, denn im nächsten Schritt werden die Notizen umgeschrieben und somit passend zur Ausgangssituation gemacht. Umdenken ist gefragt.

Alle Adjektive müssen nun das Gegenteil voneinander werden. Aus: „Ich benötige ein unstabiles Material, damit das Produkt auf jeden Fall kaputtgeht, wenn man es benutzt", wird: „Ich benötige ein stabiles Material, was dem Produkt Standhaftigkeit und Langlebigkeit garantiert". Anschließend können die neuen Vorschläge geprüft, verbessert und zu einem fertigen Entwurf kombiniert werden. Diese Technik verwendet als einen besonderen Perspektivwechsel, auf den sich vielleicht nicht jeder so leicht einlassen kann. Dennoch gibt es sicherlich einige Menschen, denen diese Art umzudenken weiterhilft und sie in ihrem kreativen Prozess unterstützt.

Das **Mindmapping** ist eine weitere intuitive Art der Kreativitätstechniken, die aber schon ein wenig mehr Analyse und System beinhaltet, da es sich um das Sammeln und Ordnen von Ideen, Unterpunkten oder Gedankengängen handelt. Oft steht dafür der Ausgangspunkt in der Mitte und es werden Striche oder Pfeile zu weiteren Schlüsselbegriffen gezogen. Man kann eine Mindmap in verschiedene Abschnitte unterteilen, farbliche Markierungen zur Übersicht verwenden und Zusammenhänge erkennbar machen.

Da es schnell unübersichtlich werden kann, wenn zu viele Informationen notiert werden, sollten Sie darauf achten, nur das Wichtigste zu notieren. Dennoch sind Mindmaps eine gute Methode, ein Konzept oder eine Idee zu entwickeln, da man auch nachträglich noch weitere Pfeile hinzufügen und das Ganze erweitern kann. Sie ermöglicht einen Überblick aller Unterpunkte und fördert die Kreativität.

Neben den intuitiven Kreativitätstechniken gibt es wie bereits erwähnt auch die diskursiven, für welche die **Osborn-Methode** ein gutes Beispiel wäre. Sie wurde von Alex Osborn entwickelt, der auch das Brainstorming etablierte. Diese Methode beruht auf einer Zusammenstellung vieler Fragen, die ein bereits bestehendes Konzept komplett überprüfen. Somit wird das Beantworten der Fragen jeden einzelnen Aspekt des bereits konzipierten Produktes oder Ansatzes analysieren, überdenken und im besten Falle verbessern. Die Fragen, die Sie sich hierbei stellen sollten, sind: Wozu kann man es noch benutzen? Kann man etwas hinzufügen oder hervorheben? Kann man etwas reduzieren oder verkleinern? Kann man etwas austauschen? Wie würde es aussehen, wenn man es genau umgekehrt machen würde? Kann man Ideen oder einzelne Teile miteinander kombinieren? Kann etwas umgeordnet werden?

Die **Relevanzbaumanalyse** ist einer Mindmap sehr ähnlich, doch der Unterschied liegt darin, dass deutlich mehr Fokus auf dem Analysieren des Problems liegt. Somit stellt dieses den Baumstamm dar und Äste die einzelnen Untergruppen und Informationen diesbezüglich. Es werden mehrere Ebenen kreiert und jedem Ast wird ein Wert zugeordnet, sodass leicht erkennbar ist, was am meisten Relevanz für das Problem hat. Beim Erstellen des Baumes müssen Sie also von Anfang an schon selektieren und sortieren. Dies erleichtert im Anschluss den kreativen Prozess und wird Ihnen dabei helfen, einen Lösungsansatz zu konzipieren, da Sie bereits leicht erkennen können, was genau das Problem ist und was dieses auszeichnet. Außerdem hilft das Ordnen nach Relevanz dem Gehirn, schneller und effektiver zu arbeiten, da es laut dem Relevanzbaum Unwichtigeres direkt ausblenden kann.

Die wohl bekannteste Kombinationsmethode nennt sich **Walt-Disney-Methode** und kommt tatsächlich von den Machern von Disney. Sie wurde entwickelt, um Blockaden entgegenzuwirken und einen Perspektivwechsel zu erleichtern. Das Grundprinzip ist das Schlüpfen in drei verschiedene Rollen; der Träumer, der Realist und der Kritiker. Entweder arbeiten Sie mit zwei anderen Personen zusammen und jeder bekommt eine der Rollen zugeordnet oder Sie versuchen selbst, alle drei Rollen zu übernehmen und zwischen diesen hin und her zu wechseln, was jedoch schwierig werden könnte. Prinzipiell könnten auch mehrere Personen gemeinsam eine Rolle übernehmen, sollten Sie mehr als nur zu dritt sein. Hierbei entstehen dann kleine Teams, innerhalb derer die Personen sich absprechen und gemeinsam arbeiten müssen.

Sind alle Rollen verteilt, beginnt der Träumer den Prozess mit dem Finden einer für ihn fantasievollen und beeindruckenden Vision. Dabei sollte der Logik keinerlei Raum gegeben werden, denn es geht um das Ausleben des Chaos und der Vorstellungskraft. Anschließend wird die Vision des Träumers an den Realisten weitergegeben, welcher diese weiterdenkt und dabei der Realität möglichst nah bleibt. Seine Aufgabe ist es nämlich, die Machbarkeit und das Potenzial der Vision zu überprüfen und zu bewerten, damit diese infolgedessen dem Kritiker anvertraut werden kann.

Er analysiert und kritisiert die überarbeitete Vision und versucht, aus ihr eine nützliche, sinnvolle und umsetzbare Idee zu gestalten. Außerdem kann er dem Träumer und dem Realisten so viele Fragen wie nötig stellen, um zu einer ausführlichen Bewertung der Vision zu gelangen. Sobald er fertig ist, wird die abgewandelte Vision zurück an den Träumer gegeben, der sie daraufhin mit seiner Fantasie weiterdenkt. Dieser Kreislauf wird so lange wiederholt, bis alle drei Positionen zufrieden sind. Das bedeutet, dass der Träumer von der Vision begeistert ist und seine Wünsche erfüllt werden, dass der Realist von der Machbarkeit überzeugt ist und die benötigte Zeit, Fähigkeiten und das Material erreichbar sind und dass der Kritiker keine weiteren Fragen oder konstruktive Kritikpunkte mehr äußern kann bzw. möchte.

Vorteile dieser Methode liegen in dem sehr effektiven Perspektivwechsel und dem Zusammenspiel dieser unterschiedlichen Sichtweise zu einer, die alle Perspektiven überzeugt. So kommt es zu extrem durchdachten Ergebnissen, die durch den Träumer eine hohe Kreativität aufweisen, aber durch den Realisten und den Kritiker trotzdem in die Tat umgesetzt werden können und den Aspekt der Nützlichkeit erfüllen.

Tipps zur Förderung Ihrer Kreativität

SELBSTBEWUSSTSEIN

Seien Sie überzeugt von Ihrer eigenen Kreativität und Ihren Fähigkeiten. Eine selbstbewusste Herangehensweise und positive Einstellung schützt Sie vor Unsicherheiten und daraus folgenden Kreativitätsblockaden. Lassen Sie sich nicht von negativen Meinungen unterkriegen, sondern glauben Sie an sich selbst! Hierbei kann es hilfreich sein, sich kleine Zettelchen mit kurzen positiven Affirmationen im

Arbeitsbereich zu verteilen, an der Wand oder einem Spiegel zu befestigen, sodass Sie an Ihre Fähigkeiten erinnert werden. Sie könnten zum Beispiel schreiben: „Meine Fantasie ist grenzenlos!", oder „Kreativität ist wertvoll!". Falls dies nichts für Sie ist, dann reicht es auch schon, wenn Sie sich ab und zu kurz die Zeit nehmen, Ihre Erfolge wertzuschätzen und sich gedanklich klarzumachen, dass das, was Sie bisher geschaffen haben, großartig ist. Sie sollten Ihr größter Fan werden und sich es nicht verübeln, wenn mal etwas nicht genau so läuft, wie Sie es erhofft hatten oder mehr Zeit in Anspruch nimmt.

1. Vorbereitung

Bereiten Sie sich und Ihre Umgebung darauf vor, wenn Sie Ihre Kreativität ausleben möchten. Schaffen Sie eine ruhige und angenehme Atmosphäre durch gute Lichtverhältnisse, eventuell leise Musik im Hintergrund und achten Sie darauf, es bequem zu haben. Außerdem ist es von Vorteil, wenn Sie alles, was Sie benötigen und brauchen könnten, bereits in Ihrer Nähe haben. Stellen Sie sich ein Glas Wasser, eine Tasse Tee oder Kaffee auf Ihren Arbeitsbereich, legen Sie verschiedene Materialien bereit, sodass Sie im Falle eines Geistesblitzes sofort darauf zugreifen können. Sollten

Sie zum Beispiel ein Bild malen wollen, so ist eine Auswahl an Acrylfarben, Bleistiften, Buntstiften, Aquarellfarben oder auch Wachsmalstiften optimal. Es ist also wichtig, Ihrer Kreativität verschiedene Optionen zu geben. Vor allem auch die Kombination mehrerer künstlerischer Medien führt häufig zu sehr kreativen Ergebnissen. Vielen hilft es auch, alle Bildschirme auszumachen oder das Telefon in einen separaten Raum zu legen, sodass jegliche Störfaktoren beseitigt sind, bevor Sie mit dem kreativen Prozess beginnen.

2. Keine Grenzen

Versuchen Sie, kindlicher zu denken und Ihren Ideen und Gedanken so viel Raum zu geben, wie möglich. Dabei hilft es, Ihre Komfortzone zu verlassen, ohne sich selbst zu kritisieren oder es als schlecht zu betrachten, wenn Sie anders denken und Ideen haben, die vielleicht nicht der Norm entsprechen. Kreativ zu sein, bedeutet nun mal, originell zu sein, querzudenken und sich keine Grenzen zu setzen. Tagträume und dem Gehirn die Arbeit zu überlassen, während Sie im Bus sitzen, auf dem Sofa entspannen oder einkaufen, kann häufig auch zu hervorragenden Geistesblitzen führen. Stellen Sie sich einfach vor, dass Ihre

Kreativität eine kleine Blase ist, welche sich entfalten und ausdehnen kann, sofern genug Raum geschaffen ist, dass sie nirgendwo anstößt und zerplatzt. In der Blase befinden sich Ihre Ideen und Lösungen für Probleme, die sich vermehren und stetig größer und besser werden, solange die Blase selbst wächst. Diesen Freiraum, den die Blase benötigt, verdient auch Ihre Kreativität.

3. Veränderung

Manchmal kann es vorkommen, dass ein Tapetenwechsel notwendig ist, um Ihrer Kreativität auf die Sprünge zu helfen. Gemeint ist, dass Sie während eines kreativen Prozesses an dem Punkt ankommen könnten, an dem Sie eine räumliche Veränderung benötigen. Dies kann in Form eines Spaziergangs, sprich frische Luft und Bewegung, oder auch schon durch das Wechseln des Arbeitsplatzes bzw. Raumes passieren. Der Wald zum Beispiel kann sehr beruhigend und inspirierend auf Sie wirken und ist ein schöner Ort, um sich die Füße zu vertreten. Optional könnten Sie sich auch statt an Ihren Schreibtisch in ein Café Ihrer Wahl setzen und sich von diesem Umfeld inspirieren lassen. Durch diese Veränderung Ihrer Umgebung gibt es neue Einflüsse und sehr vieles, was Sie wahrnehmen können; der Geruch des Kaffees, die Hintergrund-gespräche, das Geräusch der Kaffeemaschine oder der Tür, wenn Kunden kommen oder gehen. Ihre Sinne werden nun auf eine andere Art bean-sprucht und können Wahrnehmungen in Inspira-tionen und neue Ideen umwandeln.

4. Negatives umwandeln

Sollten Sie Frust, Druck oder jegliche Art von anderen negativen Emotionen empfinden, so las-sen Sie sich nicht aus der Ruhe bringen, sondern nutzen Sie diese Gefühle und wandeln Sie diese in Kunst und Kreativität um. Es ist vollkommen na-türlich, dass man nicht immer nur positive Ge-fühle hat und während eines kreativen Prozesses auch mal frustriert werden kann. Sei es eine Zeich-nung, die Ihres Erachtens misslungen ist bzw. Ih-ren Erwartungen nicht entspricht, oder auch eine Schreibblockade, die Sie einfach nicht mehr los-werden.

Versuchen Sie, die Gefühle in diesen Situatio-nen zu nutzen, indem Sie einen Stift in die Hand nehmen und ein leeres Blatt Papier einfach voll-schreiben oder bekritzeln. Es ist grundsätzlich egal, was dabei rauskommt, da es nur darum geht, Ihre Emotionen in ein kreatives Produkt umzuwandeln. Vielleicht entsteht ein gefühlvoller Text oder eine ungewollte Zeichnung, die sich tatsächlich sehen lassen kann. Machen Sie sich bewusst, dass jedes Gefühl valide ist und Sie immer in der Lage sind, es umzuwandeln und damit abzuschwächen oder loszuwerden. Sie müssen nicht die perfekte Stimmung haben oder sich inspiriert fühlen, um Ihre Kreativität nutzen zu können, denn Ihre Menschlichkeit und Willenskraft reichen dafür vollkommen aus.

5. Nehmen Sie sich Zeit

Durch Erzwingen von Ideen und Lösungen werden Sie zu keinem guten Ergebnis kommen, denn kreative Produkte und der Weg dahin benötigen Geduld und Zeit. Viele der zuvor beschriebenen Kreativitätstechniken, wie zum Beispiel das Brainstorming, nehmen ebenfalls einen gewissen Zeitraum ein, der nun mal zum kreativen Denken und Handeln dazugehört. Leider ist es nicht möglich, einen Geistesblitz auf Knopfdruck herbeizurufen, und deshalb ist es wichtig, dass Sie sich diese Zeit auch nehmen wollen und können.

Falls Sie zum Beispiel eine stressige Arbeitsphase auf sich zukommen sehen und gerade dabei sind, ein Buch zu schreiben, sollten Sie sich vielleicht lieber eine

Pause davon nehmen und dann weitermachen, wenn Ihre Zeit nicht größtenteils anderweitig gebraucht wird. Seien Sie sich dessen bewusst, dass das Machen von Pausen etwas Positives ist und bedeutet, dass Ihre Kreativität Energie tanken und sich entfalten kann. Entspannung, Ablenkung und Ihrem Geist auch mal eine Auszeit zu geben, sind wichtige Aspekte des schöpferischen Handelns.

6. Probieren Sie (sich) aus

Wie Sie vielleicht schon bemerkt haben, gibt es viele verschiedene Möglichkeiten, Ihre Kreativität zu fördern. Innerhalb der Kreativitätstechniken gibt es unterschiedliche Herangehensweisen und einige Vor- und Nachteile, die für jede kreative Person anders stark gewichtet sind. Je nach kreativem Potenzial und Charaktereigenschaften, fällt es einer Person eventuell leichter, sich in der Walt-Disney-Methode in die Rollen hineinzuversetzen und den Perspektivwechsel erfolgreich zu meistern, wohingegen das Sortieren einzelner Unterthemen und Aspekte eines Problems in der Relevanzbaumanalyse nichts für sie wäre. Sie müssen für sich selbst herausfinden, was zu Ihnen passt und was Ihre Kreativität am meisten fördert.

Auch in Bezug auf das Umfeld, Ihren Arbeitsbereich, die im Hintergrund laufende Musik oder allein schon die Uhrzeit, zu welcher Sie am leichtesten kreativ sein können, ist enorm individuell. Probieren Sie sich und verschiedene Optionen aus, bis Sie sich wohlfühlen und herausgefunden haben, was für Sie am besten funktioniert.

Es kann von Vorteil sein, sich sogar aufzuschreiben, wenn Sie bemerkt haben, dass Sie sich inspirierter fühlen, wenn Sie zum Beispiel beim Arbeiten die Möglichkeit haben, aus dem Fenster zu schauen. Anfangs kann es allerdings auch erst mal schwierig sein und Sie werden eventuell auf Kreativitätsblockaden treffen, Fehler machen oder keine Fortschritte erkennen können. Doch ich kann Ihnen versichern, dass Sie irgendwann an dem Punkt angekommen sein werden, an dem Sie die für sich perfekten Rahmenbedingungen zum Kreativ-Sein gefunden haben und Ihrer Kreativität deutlich weniger im Weg stehen wird.

7. Hilfe annehmen

Falls Sie nicht mehr weiterwissen oder keine der Kreativitätstechniken Ihnen gerade weiterhelfen kann, dann scheuen Sie sich nicht davor, andere um Rat zu bitten. Sicherlich kann Ihnen der Austausch mit einem

Freund, Familienmitglied oder Kollegen neue Ideen oder eine andere Sichtweise auf Ihr Problem bzw. ersten Einfall geben. Dadurch werden Sie neue Anregungen und Perspektiven erhalten, welche Sie weiterverarbeiten und kreativ umsetzen können. Sich einen Ratschlag abzuholen, bedeutet keineswegs, dass Ihre Kreativität nicht gut genug oder Ihr Ideenreichtum zu klein sei. Es zeigt viel eher, dass Sie offen für die Meinung anderer sind und zu einem guten Ergebnis kommen möchten, denn wenn ein weiterer kreativer Kopf mit Ihrem zusammenarbeitet, steigern Sie gegenseitig Ihre Kreativität und das Produkt wird noch innovativer.

Um sich inspirieren zu lassen, können Sie natürlich auch im Internet nach passenden Bildern, Texten oder Liedern suchen und aus diesen neuen Ideen entwickeln.

8. Achtsamkeit

Achtsamer zu sein, wird Ihnen dabei helfen, Ihre Umgebung und die vielen Eindrücke, die diese bietet, besser wahrzunehmen und dadurch zur Förderung Ihrer Kreativität beitragen. Der Grund dafür ist, dass Achtsamkeit zum vollen Ausleben Ihrer Sinne führt und Sie die Möglichkeit erlangen, die Welt um Sie herum intensiver und effektiver zu nutzen, um sich inspirieren zu lassen und Energie zu schöpfen.

Dies können Sie optimal mit Tipp Nummer vier kombinieren, da achtsam zu sein und dabei verschiedene Orte kennenzulernen, zu einem großen Ideenreichtum führen wird. Oft merken wir gar nicht, wie viel eigentlich um uns herum passiert, da wir zu sehr darauf konzentriert sind, zu unserem Ziel zu kommen, oder wir uns in unseren Gedanken verlieren. Um dies zu verhindern und achtsamer zu werden, können Sie sich einige Fragen stellen, wenn Sie Ihr Umfeld stärker wahrnehmen möchten. Versuchen Sie zu erkennen, wie Ihre Umgebung auf Sie wirkt, was es zu sehen gibt oder welche Geräusche Sie wahrnehmen können. Nutzen Sie Ihre Sinne bewusst und aufmerksam, um im Nachhinein möglichst viele Eindrücke mit sich nehmen zu können und diese in kreatives Denken und schöpferisches Handeln umzuwandeln.

9. Übung

Übung macht bekanntlich den Meister und in Bezug auf Kreativität ist dies ein wichtiger Aspekt, den Sie beachten sollten. Geben Sie nicht auf, nur weil nicht alles sofort funktioniert oder Sie denken, dass Sie keine Fortschritte machen. Kreativität lässt sich mit einem Muskel vergleichen, welcher mit der Zeit verkümmert, sollte er nicht oft genug benutzt werden.

Es braucht Zeit und vor allem viel Training, bis Muskeln stärker werden und wachsen können, weshalb auch das Fördern Ihrer Kreativität nicht mit einer Übung getan ist. Wiederholungen, Ausprobieren und eine gewisse Regelmäßigkeit sind entscheidend dafür, wie schnell Sie Fortschritte erkennen werden. Versuchen Sie, Kreativitätsblockaden zu vermeiden und möglichst gute Rahmenbedingungen zu schaffen, in denen Sie sich wohlfühlen und Ihre Kreativität sich entfalten kann.

Sie können sich die genannten Tipps zum Beispiel auch stichwortartig notieren und diese durchgehen, bevor Sie einen kreativen Prozess beginnen möchten. Und merken Sie sich: Je häufiger und intensiver Sie üben, desto stärker wird Ihre Kreativität gefördert werden.

Übungen

FARBEN HÖREN

In dieser Übung versuchen Sie, sich in einen Synästhetiker hineinzuversetzen und somit die Fähigkeit zu erlangen, Farben hören zu können. Sie benötigen eines oder mehrere Blätter, Pinsel, Wasser und Acrylfarben, Aquarellfarben oder einfach simple Buntstifte. Acrylfarben wären wahrscheinlich die beste Wahl, da Sie damit zu einem sehr intensiven Farbergebnis kommen können. Um die Übung zu beginnen, können Sie entweder ein Ihnen bereits bekanntes Lied (eventuell sogar Ihr Lieblingslied) anmachen oder Sie entscheiden sich für eins, welches Sie noch nie zuvor gehört haben. Meine Empfehlung wäre „Experience" von Ludovico Einaudi, da es sich dabei um ein beeindruckendes Stück handelt, welches keine Worte benötigt, um eine gesamte Geschichte zu erzählen. Je nach Länge des gewählten Liedes wird diese Übung mehr oder weniger Zeit in Anspruch nehmen.

Lassen Sie sich nun auf diese Übung voll und ganz ein, entspannen Sie sich und vergessen Sie möglichst alles um sich herum, um Ihrer Kreativität die Chance zu geben, sich ungestört auf die Musik zu konzentrieren. Füllen Sie das Blatt mit Farbe und Formen passend zur Musik und malen Sie das, was Sie hören und fühlen, ohne es dabei zu bewerten oder darüber nachzudenken. Es muss auch keineswegs rational oder realistisch sein, da Farbflächen und Formen aussagekräftig genug sind. Geben Sie die Kontrolle vollkommen an Ihre Sinne und Ihre Kreativität ab. Dabei gibt es kein Richtig oder Falsch, da jeder Mensch eine individuelle Wahrnehmung hat und aufgrund von Erfahrungen, Persönlichkeit und momentaner Gefühlslage zu einem anderen Ergebnis kommen wird.

Falls es Ihnen schwerfallen sollte, das Gehörte aufs Blatt zu bringen, dann können Sie sich auch einige Fragen stellen, die dies erleichtern: Ist das, was ich höre, eher dunkel oder hell? Wirkt es auf mich farbenfroh, einheitlich, wild oder trist? Wie viel Raum nimmt welche Farbe ein und wie intensiv fühlt sie sich an? Haben die verschiedenen Teile des Stückes unterschiedliche Farben und falls dem so ist, wie kann ich dies darstellen? Was sagt das Lied aus und wie kann ich diese Geschichte in Farben und Formen ausdrücken, ohne dabei Worte zu benutzen?

Ist das Stück vorbei, so können Sie sich Ihr Gemälde anschauen und bewundern, was Ihre Kreativität und Ihre Fähigkeit, Wahrnehmungen umzuwandeln und Assoziationen zu bilden, geschaffen haben. Sie können diese Übung beliebig oft mit weiteren Musikstücken wiederholen und somit Ihre Schöpfungskraft stärken.

1.   Jemand anderes sein

Wie der Titel dieser Übung schon verrät, werden Sie für einen kurzen Moment versuchen, jemand anderes zu sein und sich in die Position einer völlig fremden Person zu denken. Ihre Sichtweise ändern zu können und die eigenen Gedanken und Meinungen auszublenden, sind wichtige Fähigkeiten, die das kreative Handeln und Denken benötigt, um zu innovativen, originellen und nützlichen Ergebnissen zu kommen. Deshalb dient diese Übung als Training von Perspektivwechseln, wofür Sie sich am besten an einen öffentlichen Ort begeben. Geeignet wäre zum Beispiel ein Park oder ein Café, da Sie dort die Möglichkeit haben, sich in Ruhe hinzusetzen. Nehmen Sie Ihren Laptop oder ein Notizbuch mit, in das Sie einige Seiten schreiben können.

Wenn Sie einen für Sie passenden Ort gefunden haben, können Sie sich nun umschauen und Ihre Umgebung beobachten. Nehmen Sie sich genug Zeit, jeden einzelnen Menschen zu betrachten und achten Sie dabei darauf, keine Person zu sehr anzustarren und niemandem ein unwohles Gefühl zu geben. Wenn Sie so weit sind, können Sie sich für eine beliebige Person entscheiden, die Sie zum Beispiel besonders interessant finden oder die Ihnen direkt ins Auge gefallen ist.

Stellen Sie sich vor, im Körper der gewählten Person zu stecken und die Welt aus deren Augen zu sehen. Schreiben Sie das nieder, was Sie in der Position dieses Menschen fühlen, denken und tun. Dabei ist es essenziell, nicht in Ihre eigene Perspektive zurückzufallen, sondern stets aus der Sicht der Person zu schreiben. Sie können dies in Form eines Tagesbucheintrags gestalten oder einfach die Gedanken zusammenhängend notieren, sodass Sie zu einem vollständigen Text kommen.

Um diese Übung zu erleichtern, gibt es ein paar Fragen, die Sie sich aus der Perspektive der Person stellen und anschließend schriftlich beantworten können: Wie geht es mir? Was beschäftigt mich? Habe ich Kinder oder einen Partner? Lebe ich allein und wie sieht mein Zuhause aus? Was arbeite ich und bin ich zufrieden damit? Was sind meine Interessen? Gehe ich öfter hierhin bzw. warum bin ich genau jetzt hier? Was mache ich heute noch? Was darf ich auf keinen Fall vergessen, bevor ich nach Hause gehe? Wer genau sind die Menschen, die mit mir hier sind, bzw. wieso bin ich allein hier?

Wenn Sie so weit sind, können Sie die Übung beenden und zurück zu sich selbst und Ihren eigenen Gedanken kommen. Nehmen Sie sich kurz Zeit und beobachten Sie die Person noch einen Moment lang, bevor Sie sich den Text durchlesen und reflektieren, ob es Ihnen schwergefallen ist, die Perspektive zu wechseln. Wenn Sie möchten, können Sie diese Übung an einem anderen Tag oder Ort wiederholen und prüfen, ob es Ihnen nun leichter fällt bzw. ob Sie Fortschritte erkennen können.

2. Tierkombination

Diese Übung schult Ihre Fantasie und die Kompetenz, aus zwei verschiedenen Dingen eins werden zu lassen. Es geht in diesem Fall um zwei möglichst unterschiedliche Tiere, welche Sie mithilfe Ihrer Kreativität miteinander kombinieren werden. Dafür benötigen Sie ein Blatt Papier und einen Bleistift bzw. mehrere Buntstifte. Außerdem kann es hilfreich sein, wenn Sie sich zur besseren Orientierung Bilder von den beiden ausgewählten Tieren ausdrucken oder diese auf Ihrem Laptop öffnen.

Ihre Wahl sollte so ausfallen, dass durch die Kombination ein völlig neues Wesen entsteht, was Sie so noch nie zuvor gesehen haben. Demnach wäre es unpraktisch und vor allem kontraproduktiv, einen Esel und ein Pferd oder eine Katze und einen Hund zu nehmen. Haben Sie Mut und probieren Sie sich zum Beispiel an einem Säugetier in Kombination mit einem Reptil oder Fisch.

Sollten Sie sich entschieden haben, so können Sie damit beginnen, Ihrer Fantasie und Kreativität freien Lauf zu lassen und die Tierkombination auf das Blatt zu zeichnen. Hierbei ist es nicht wichtig, wie realistisch oder perfekt die Zeichnung bzw.

die einzelnen Körperteile aussehen, da es grundsätzlich nur um das kreative Denken und Kombinieren geht.

Auch bei dieser Übung gibt es Fragen, die Ihnen behilflich sein können: Worauf möchte ich den Fokus legen und was soll der Ausgangspunkt sein? Was möchte ich von welchem Tier übernehmen? Möchte ich, dass man die ursprünglichen Tiere noch erkennt? Wie kann ich die Proportionen verändern und was soll wie groß werden? Welche Körperteile sind am wichtigsten und was kann weggelassen werden? Kann ich das Ganze auch anatomisch korrekt gestalten oder muss ich mich von der Logik entfernen? Welche körperlichen Fähigkeiten möchte ich dem neuartigen Tier geben und welche Körperteile müssen hierfür vorhanden sein? Habe ich darauf geachtet, beiden Tieren einen ungefähr gleich großen Anteil zu geben? Wie würde das Tier heißen?

Es sind Ihnen keine Grenzen gesetzt und wenn Ihre Tierkombination am Ende anatomisch keinen Sinn ergibt, dann ist dies absolut in Ordnung. Je verrückter, neuartiger und vor allem origineller, desto besser! Diese Übung vernachlässigt den Nützlichkeitsaspekt, welchen ein kreatives Produkt normalerweise erfüllen sollte. Dies liegt daran, dass nur das Trainieren Ihres schöpferischen Denkens und das Verknüpfen mehrerer Wahrnehmungen im Vordergrund liegt. Wenn Sie die Tierkombination vervollständigt haben und zufrieden sind, können Sie die Übung auch wiederholen und versuchen, diesmal andere Körperteile zu übernehmen und damit zu einem anderen Ergebnis zu kommen. Durch das erneute Durchführen und das Umdenken wird Ihre Kreativität noch stärker gefördert und es wird Ihnen in Zukunft leichter fallen, mehrere Lösungswege für ein einziges Problem zu finden.

3. Nützlichkeit

Da die vorherige Übung den Nützlichkeitsaspekt vernachlässigt hat, wird sich diese Übung genau darauf konzentrieren. Grundsätzlich benötigen Sie hierfür nur einen Raum voller Gegenstände, einen Zettel und einen Stift. Schauen Sie sich um und betrachten Sie die unterschiedlichen Dinge, die sich in Ihrer Umgebung befinden. Sollten Sie einen Gegenstand sehen, welcher Ihnen besonders ins Auge sticht, so können Sie diesen vor sich stellen und die Übung beginnen.

Ziel ist es, die weitreichende Nützlichkeit eines Objektes zu entdecken und sich zu überlegen, welche Funktionen dieser noch haben könnte. Versuchen Sie dabei, der Realität und dem Zweck möglichst nah zu bleiben und die Logik in den Vordergrund zu stellen. Dafür könnten Sie eine Mindmap erstellen, in deren Mitte die eigentliche Nutzungsmöglichkeit des Objekts steht und diese Übersicht anschließend durch von Ihnen ausgedachte Optionen erweitern. Hilfreich ist es, wenn Sie alle Merkmale des gewählten Gegenstands analysieren und diese als Schlüsselbegriffe zu Unterpunkten der Mindmap gestalten.

Mögliche Fragen, die Ihnen dies erleichtern, sind: Wofür wurde das Objekt entwickelt? Was ist die Hauptaufgabe des Objektes? Was zeichnet meinen Gegenstand besonders aus? Ist er schwer oder leicht? Ist er beweglich, verstellbar, groß oder klein? Kann man ihn zusammenklappen oder erweitern? Was sind Eigenschaften oder Merkmale, die zu einer neuen Funktion führen könnten? Kann das Objekt im Alltag noch anderweitig benutzt werden? Gibt es die Möglichkeit, den Gegenstand so zu verändern, dass er eine vielseitigere Nützlichkeit erhält?

Wie vielleicht bemerkt, bezieht sich die letzte Frage auf das Verändern des Objekts. Dies ist eine mögliche Erweiterung der Übung und sollte erst dann gemacht werden, wenn alle Eigenschaften und Merkmale überprüft worden sind und keine weitere Nutzungsmöglichkeit zu finden ist. Nun können Sie sich überlegen, wie der Gegenstand verändert werden könnte bzw. was notwendig wäre, um ihn in einem weiteren Bereich des Alltags einsetzen zu können. Hierfür steht es Ihnen offen, diese Übung gedanklich oder in Form einer Skizze zu machen. Entwerfen Sie einen neuartigen Gebrauchsgegenstand aus dem von Ihnen gewählten Objekt und versuchen Sie erst mal, so wenig wie möglich zu verändern, sodass das ursprüngliche Grundprinzip erhalten bleibt.

Diese Übung wird Ihre Kreativität fördern, indem sie Ihr logisches Denkvermögen und die Fähigkeit, Neues zu entwickeln, trainiert. Je öfter Sie die Übung mit unterschiedlichen Objekten durchführen, desto leichter wird es Ihnen fallen, sich auf das Wesentliche, sprich die Hauptmerkmale eines Objektes und dessen Nützlichkeit, zu konzentrieren und aus diesen Erkenntnissen Innovatives entstehen zu lassen.

4. Was wäre, wenn ...

Diese Übung beschäftigt sich mit Ihrer Vorstellungskraft und soll Ihnen dabei helfen, neue Denkmuster zu entwickeln und weg vom Gewohnheitsdenken zu kommen. Deshalb müssen Sie sich die Frage: „Was wäre, wenn ...?" stellen und dabei mögliche Szenarien in Ihrem Kopf durchgehen bzw. diese verschriftlichen. Dazu benötigen Sie ein Notizbuch oder einen Laptop, um einen Text zu verfassen. Die Ausführlichkeit des Textes können Sie je nach Szenario selbst bestimmen, also lassen Sie Ihren Gedanken genügend Freiraum, ohne sie dabei unter Druck zu setzen. Es ist absolut kein Problem, wenn Ihnen zu einem Thema mehr und bei einem anderen weniger einfällt.

Ein mögliches Beispiel wäre: Was wäre, wenn ich das andere Geschlecht hätte? Wie würde ich heißen? Wie würde ich aussehen? Wo wäre ich gerade und hätte ich trotzdem den gleichen Job? Hätte ich einen Partner bzw. wer wäre mein Typ? Wie würde mein Freundeskreis aussehen?

Ein zweites Beispiel könnte sein: Was wäre, wenn ich im Lotto gewinnen würde? Wie würde ich reagieren? Was würde ich als Erstes mit dem Geld tun? Was würde sich von nun an in meinem Leben bzw. meiner Lebenseinstellung verändern? Wie würde mein Alltag dann aussehen? Würde ich weiterhin arbeiten gehen? Wäre ich mit so viel Geld wunschlos glücklich?

Sie entscheiden sich also für ein Szenario, was Sie interessant fänden, und versuchen, mithilfe von ähnlichen Fragen wie in den Beispielen eine passende Welt bzw. die Vorstellung davon, wie Ihr Leben dann aussehen würde, zu erschaffen. Schreiben Sie alles auf, was Ihnen dazu einfällt. Nehmen Sie sich Zeit und wenn Sie möchten, können Sie einen Tag lang versuchen, Ihren Alltag mit dem neuen Szenario im Hinterkopf zu durchleben und darauf zu achten, was sich ändern würde bzw. ob Sie dann andere Entscheidungen treffen würden.

Machen Sie ein kleines Projekt oder eine richtige Geschichte daraus und versuchen Sie dabei, auf eine neue Art zu denken und zu schreiben. Entfernen Sie sich von Ihrer Routine und seien Sie offen für neue Vorstellungen und Möglichkeiten.

Indem Sie diese Übung mit verschiedenen Szenarien wiederholen, stärken Sie Ihre Fantasie und die Kompetenz, sich unbekannte Dinge und Situationen vorzustellen. Abgesehen davon werden Sie achtsamer werden, wenn Sie diese Übung in Ihren Alltag einbeziehen und daraus, wie beschrieben, ein kleines Experiment machen. Sie nehmen dann Ihre Umgebung, Ihre Gedanken und Entscheidungen intensiver wahr und lernen, aufmerksamer zu sein. Ganz normale Tätigkeiten und Ihre gesamte Routine können dadurch hinterfragt werden und einen ganz neuen Standpunkt bekommen. Dies wird Ihrer Kreativität Stärke, Inspirationen und neue Ideen liefern.

5. Den Zufall weiterdenken

In dieser Übung geht es darum, in durch Zufall entstandenen Farbflecken und -formen Dinge zu erkennen, so wie man es oft als Kind mit den Wolken im Himmel getan hat. Hierfür schaffen Sie mit Wasser und Farbe ein zufälliges Bild, welches Sie anschließend analysieren und durch kreatives Denken vervollständigen. Sie benötigen einen Fineliner, ggf. Pinsel, Wasser, eine Klarsichtfolie und wasserbasierte Filzstifte oder Aquarellfarben. Das Papier sollte etwas dicker sein, damit es sich durch das Wasser nicht zu sehr wellt.

Zur Vorbereitung der Übung müssen Sie, falls Sie sich gegen die Aquarellfarben entschieden haben, mit den Filzstiften auf die Klarsichtfolie malen, wobei es nicht wichtig ist, was Sie malen. Einfache Farbflächen sind ausreichend. Nun müssen Sie einige Tropfen Wasser auf die Folie geben, sodass kleine Farbpfützen entstehen. Wenn Sie die Aquarellfarbe gewählt haben, gehen Sie einfach mit einem nassen Pinsel in die Farbe und tropfen diese anschließend auf die Folie. Achten Sie darauf, dass Sie nicht zu viel Wasser benutzen, sonst wird die Farbe schwächer und das Papier könnte durchweichen. Nun können Sie das Papier auf die Folie drücken und dabei vorsichtig Ihren Finger benutzen, um die Farbe zu verteilen. Wichtig ist, das Papier gut trocknen zu lassen, nachdem Sie es dann von der Folie genommen haben.

Für den kreativen Teil der Übung ist das Ziel, in den entstandenen Farbflecken etwas zu erkennen und dies dann mit dem Fineliner deutlich zu machen bzw. zu umranden. Mithilfe Ihrer Fantasie können Sie theoretisch alles Mögliche in den Farbflecken sehen und es ist Ihnen überlassen, wie viel Sie tatsächlich umranden möchten. Es kann auch schön sein, zum Beispiel nur ein großes Tier, welches zu der Form des Fleckes passt, zu verdeutlichen. Sie können natürlich auch mehrere Bilder vorbereiten und in einem anderen dann ausprobieren, so viel wie möglich zu entdecken.

Mögliche Fragen, die Sie sich beim Betrachten des Farbfleckes stellen können, sind: Was sehe ich, wenn ich das Blatt verkehrt herum halte? Erinnert mich das, was ich sehe, an etwas? Könnte es sich vielleicht um ein Tier, eine Blume, ein Gesicht, einen Baum etc. handeln? Möchte ich das Gesehene komplett umranden oder nur mit Strichen andeuten?

Durch diese Übung trainieren Sie Ihre Vorstellungskraft und die Fähigkeit, genaustens hinzusehen und zu analysieren. Abgesehen davon kann es richtig Spaß machen, verschiedene Farbkombinationen auszuprobieren und sich auf den Zufall einzulassen. Die Bilder sehen meistens sehr ästhetisch aus und haben einen ganz besonderen Stil. Sie können sich auch nach wiederholtem Durchführen der Übung Ihre ersten Versuche erneut anschauen und merken dann vielleicht, dass Sie nun doch noch mehr entdecken können, da Sie Ihre Fantasie erweitert haben und stärker im Analysieren geworden sind.

Schlusswort

Ich hoffe, dieser Ratgeber hat Ihnen Mut gemacht und gezeigt, dass jeder Mensch kreativ sein und diese Kreativität mithilfe von Übungen, Techniken und ein bisschen Geduld fördern kann. Solange Sie dabei nicht den Glauben an sich selbst verlieren, kann Ihnen nun nichts mehr im Wege stehen, Ihre in Ihnen steckende kreative Seite auszuleben. Auch, wenn andere Menschen eventuell eher ein Talent dafür haben, kreativ zu sein, wissen wir nun, dass Veranlagung nicht alles ist, denn viel mehr der Wille und die eigene Überzeugung sind entscheidend.

Um Ihre Kreativität am effektivsten zu fördern, wäre es von Vorteil, die oben aufgeführten

Übungen nicht nur einmal, sondern mehrmals und auch in abgewandelter Form zu machen. Außerdem ist es wichtig, auf Ihren Körper und Geist zu hören, denn Sie wissen am besten, was Ihnen und Ihrer Kreativität vielleicht gerade im Weg steht.

Hören Sie in sich hinein, wenn es sich anfühlt, als ständen Sie erneut vor dieser Mauer, und versuchen Sie herauszufinden, welche der Kreativitätsblockaden Sie belastet und was Sie tun können, um diese zu umgehen. Wie Tipp Nummer sieben schon verrät, ist es wichtig, diesem Prozess der Förderung Zeit zu geben, damit Sie sich und Ihre Kreativität besser kennenlernen können und merken, was Ihnen am stärksten hilft und worauf Sie besonders achten sollten, wenn Sie kreativ sein möchten. Zusätzlich können Sie sich natürlich im Internet weitere Kreativitätstechniken durchlesen, wenn Ihnen keine der genannten weiterhelfen kann oder Sie einfach Interesse haben, noch mehr darüber zu lernen.

Und es ist etwas wirklich Schönes, wenn man heutzutage zu den kreativen Köpfen zählt, da diese unsere Zukunft garantieren und es ermöglichen, dass Herausforderungen gemeistert, Krisen überwunden und Probleme gelöst werden. Kreativität ist sehr vielfältig, individuell nutzbar und vor allem aber auch beeindruckend, denn ohne sie und die daraus folgende Resilienz für viele Probleme, wären wir nicht in der Lage, so gut mit alltäglichen Schwierigkeiten umzugehen. Sie werden merken, dass nach einer gewissen Zeit vieles leichter wird durch Ihren erweiterten Ideenreichtum und Ihre Kreativität bestimmt nicht nur vorteilhaft ist in Bezug auf das Malen von Bildern oder Schreiben von Texten, sondern so gut wie jeder Bereich des Lebens benötigt etwas Kreativität und eine gewisse Vorstellungskraft.

Teilen Sie diesen Ratgeber, Ihre Ideen und kreativen Produkte mit anderen und helfen Sie diesen dabei, selbst ein Stückchen näher in Richtung ihrer eigenen Kreativität zu gehen, denn je mehr kreative Menschen es gibt, desto schöner, fantasievoller und leichter wird das Leben für alle!

Quellen

- Jochen Mai, Kreativität: Wie sie entsteht – wie Sie Ihre Kreativität fördern, 2021: https://karrierebibel.de/kreativitaet/
- Carola Fanselow, Kreativität – Ein Überblick, 2004: http://ddi.cs.uni-potsdam.de/Lehre/BelegDiplomarbeiten/Fanselow2005.pdf
- Uschi Erlewein, Was ist Kreativität – Grundfähigkeit des Menschen & Art zu Denken, 2021: https://ethnostories.de/blogparade-kreativitaet-fuer-alle/
- Stefanie Uhrig, Was ist Kreativität?, 2020: https://www.quarks.de/gesellschaft/psychologie/kreativitaet-mehr-als-nur-kunst/

- André Nijmeh, Divergentes und konvergentes Denken fördert den Innovationsprozess, 2018: https://www.wois-innovation.de/divergentes-und-konvergentes-denken-foerdert-den-innovationsprozess/

- Jan Jandeart, Drei Gründe warum die Förderung von Kreativität so wichtig ist, 2021: https://www.guetsel.de/content/guetersloh/27342/drei-gruende-warum-die-foerderung-von-kreativitaet-so-wichtig-ist.html

- Dennis Fischer, Ohne Kreativität kein Erfolg: Wieso du für beruflichen Erfolg kreativ sein musst, 2021: https://www.basicthinking.de/blog/2021/02/09/ohne-kreativitaet-kein-erfolg-wieso-du-fuer-beruflichen-erfolg-kreativ-sein-musst/

- Verena Muntschick, Free Creativity: Die treibende Kraft in der Krise: https://www.zukunftsinstitut.de/artikel/innovation-und-neugier/free-creativity-die-treibende-kraft-in-der-krise/

- Jochen Mai, Freidenker: 10 Dinge, die Kreative anders machen, 2020: https://karrierebibel.de/freidenker/

- Youri Keifens, Querdenker werden: 25 Dinge, die kreative Menschen anders machen, 2020: https://genie-undwahnsinn.de/blog-artikel/querdenker-werden-25-dinge-die-kreative-menschen-anders-machen.html

- Autor unbekannt, Kreativität: 10 Tipps und 5 No-Gos für mehr Einfallsreichtum: https://www.lernen.net/artikel/kreativitaet-10-dos-und-5-donts-fuer-mehr-einfallsreichtum-3440/

- Autor unbekannt, Kreativitätsblockaden: https://www.buergergesellschaft.de/praxishilfen/kreativitaetstechniken/der-einzelne/kreativitaetsblockaden

- Jochen Mai, Kreativitätstechniken: Übersicht 20 genialer Tipps & Methoden, 2021: https://karrierebibel.de/kreativitaetstechniken/

- Ludovico Einaudi, Experience, 2013: https://youtu.be/hN_q-_nGv4U

Herstellung und Verlag:

BoD – Books on Demand, Norderstedt

ISBN: 9783755723998

© Paula Neustedt 2022

1. Auflage

Kontakt: Psiana eCom UG/ Berumer Str. 44/ 26844 Jemgum

Covergestaltung: Fenna Larsson

Coverfoto: depositphotos.com